BEI GRIN MACHT SICH IHR
WISSEN BEZAHLT

AF152026

- Wir veröffentlichen Ihre Hausarbeit,
  Bachelor- und Masterarbeit

- Ihr eigenes eBook und Buch -
  weltweit in allen wichtigen Shops

- Verdienen Sie an jedem Verkauf

Jetzt bei www.GRIN.com hochladen
und kostenlos publizieren

Dario Fischer

Einführung in die Volkswirtschaftslehre (Mikro- und Makroökonomie)

Skript und Klausurvorbereitung

GRIN Verlag

Bibliografische Information der Deutschen Nationalbibliothek:

Die Deutsche Bibliothek verzeichnet diese Publikation in der Deutschen National-
bibliografie; detaillierte bibliografische Daten sind im Internet über http://dnb.d-
nb.de/ abrufbar.

Impressum:

Copyright © 2012 GRIN Verlag GmbH
Druck und Bindung: Books on Demand GmbH, Norderstedt Germany
ISBN: 978-3-656-73676-9

Dieses Buch bei GRIN:

http://www.grin.com/de/e-book/280202/einfuehrung-in-die-volkswirtschaftslehre-
mikro-und-makrooekonomie

GRIN - Your knowledge has value

Der GRIN Verlag publiziert seit 1998 wissenschaftliche Arbeiten von Studenten, Hochschullehrern und anderen Akademikern als eBook und gedrucktes Buch. Die Verlagswebsite www.grin.com ist die ideale Plattform zur Veröffentlichung von Hausarbeiten, Abschlussarbeiten, wissenschaftlichen Aufsätzen, Dissertationen und Fachbüchern.

Besuchen Sie uns im Internet:

http://www.grin.com/

http://www.facebook.com/grincom

http://www.twitter.com/grin_com

Einführung in die VWL

I. Mikroökonomie

Kapitel 1: Womit befasst sich die Volkswirtschaftslehre?

<u>Definition</u>: gesamtwirtschaftliche Zusammenhänge, wie bspw. Wirkungsketten und Strukturen

Wohlfahrt des Volkes soll maximiert werden ≠ BWL (Wohlfahrt d. Betriebes)

<u>Klassisch</u>: Wissenschaft von der effizienten Allokation knapper Ressourcen (bestes Ergebnis erzielen, nichts verschwenden)

<u>Besteht aus</u>...

Wirtschaftssubjekten (natürliche und juristische Personen)

Wirtschaftsobjekten (Gegenstände des wirtschaftlichen Handelns)

... welche wirtschaftliche Entscheidungen treffen und unterschiedliche Entscheidungsspielräume haben.

<u>Konsumentensouveranität</u>: Wirtschaftssubjekte entscheiden selber darüber, wie ihre Bedürfnisse befriedigt werden. → Homo economicus = HH vollständig informiert, handeln rational, steuern Produktion durch ihre Nachfrage

Zuteilung der Ressourcen durch <u>Entscheidungen</u> von...

Den Haushalten (Konsum und Arbeitsleistung/ -angebot)

Den Unternehmen (Arbeitsnachfrage, Produktionsweise, Output)

... und deren Interaktionen.

<u>Opportunitätskosten</u>: das, was aufgegeben werden muss, um etwas zu erlangen (Entscheidungen)

→ Abwägung von Kosten und Nutzen der Alternativen
→ Zwischen dem Erreichen verschiedener Ziele wählen

Die VWL ist <u>unterteilbar in</u>...

<u>Mikroökonomie</u> (Analyse der Märkte für einzelne Güter; im Vordergrund stehen die

Entscheidungen von einzelnen Wirtschaftseinheiten (rationale);

Marktwirtschaftliche Koordination dieser Entscheidungen)

<u>Makroökonomie</u> (Analyse der Volkswirtschaft im Ganzen (der gesamtwirtschaftlichen

Zusammenhänge); Analyse der Interdependenzen zwischen verschiedenen Märkten;

Zusammenfassung von Gruppen zu aggregierten Märkten)

Rationalitätsfalle: Was von jedem einzelnen aus individueller Rationalität angestrebt wird, kann in der Gesamtheit zu gegenläufigen Effekten führen (bspw. Unterbietung von Löhnen; Sparen)

Unterteilung der Märkte in…

Gütermarkt

Dienstleistungsmarkt

Aktienmarkt

Immobilienmarkt

Arbeitsmarkt

Volkswirtschaftslehre als Marktwirtschaft:

Märkte als effiziente Methode der ökonomischen Organisation

VWL zeigt auf, wie Märkte funktionieren oder warum nicht

Aufzeigen der Effizienz des Marktmechanismus in vielen Bereichen

Aufzeigen der Schwächen eines Marktes

➔ Märkte haben eine umfassende Koordinations- und Informationsfunktion

Marktversagen (Die Schwächen des Marktes): Keine optimale Zuteilung der Ressourcen, Gründe:

Menschen/Regionen/Länder mit geringer Leistungsfähigkeit können ihr Existenzminimum nicht sichern.

Güter ohne Märkte und Preis werden verschwendet ➔ Verschmutzung der Umwelt.

Unternehmen versuchen sich dem Wettbewerb durch Kartelle und Monopole zu entziehen.

Es kann zu Arbeitslosigkeit und/oder Inflation kommen (zyklischen Schwankungen).

Die Rolle des Staates:

Ordnungspolitik (Setzen von Rahmenbedingungen, wie bspw. Kartellrecht)

Sozialpolitik (Soziale Sicherungssysteme, wie bspw. Hartz IV)

Bildungspolitik

Prozesspolitik (Geldpolitik und Fiskalpolitik)

Kapitel 2: Theorie der Haushalte

Kapitel 2.1: Die Budgetgleichung

Budgetgleichung = Bedingung, unter der der Nutzen der Haushalte maximiert werden soll.

Welche Güterbündel kann sich ein Haushalt leisten?

Einkommen = E ; Ersparnis = S ; gegebene Konsumsumme = C ; x = Menge ; P = Preis

$E = C + S$

$C = x1P1 + x2P2$ oder $C > x1P1 + x2P2$

→ Wie viel von Gut 1 kann konsumiert werden, wenn Gut 2 ... hoch ist?

Graphische Darstellung:

Jeder Punkt = eine bestimmte Gütermengenkombination

Steigung der Geraden = relativer Preis der beiden Güter = Opportunitätskosten

Es handelt sich hierbei um die Bewertungen im Markt, nicht die der subjektiven Personen, welche vor einer Allokationsentscheidung stehen.

Kapitel 2.2: Nutzenfunktionen: Die Indifferenzkurven

Nutzenfunktion = Subjektive Vorstellung des Haushalts über die Gütermengenkombinationen

„Mehr ist besser!"

(Einkommen und Güterpreise geben über die Budgetgleichung die Beschränkung an, unter der ein HH seinen Nutzen maximieren kann.)

Mit steigendem Verbrauch sinkt der Nutzenzuwachs (Grenznutzen) des Gutes

→ 1. Gossensches Gesetz

Indifferenzkurve

Zeigt Güterkombinationen, die dem HH den gleichen Zufriedenheitsgrad und Nutzen

vermitteln, zwischen denen Indifferenz herrscht.

Konsument gilt als indifferent, wenn er zwischen solchen Güterbündeln wählen soll.

Konvexe Eigenschaft: pro Minderverbrauch eines Gutes nimmt der erforderliche

Mehrverbrauch zum Nutzenausgleich des anderen Gutes zu.

Grenzrate der Substitution: Wie viele Einheiten des einen Gutes braucht ein HH, um für den Verlust einer Einheit des anderen Gutes entschädigt zu werden?

In der graphischen Darstellung: Je weiter die Indifferenzkurve vom Ursprung entfernt ist, desto höher ist der Nutzen.

Periphere Substitution: Indifferenzkurven erreichen keine Achsen.

Alternativsubstitution: Bei der Menge von Gut 2 kann der HH auf Gut 1 verzichten

Vollkommene Substitute: HH ist stets indifferent zwischen einer Einheit von Gut 1 und von Gut 2.

Komplementärgüter: Ohne eine zusätzliche Einheit von Gut 2 erwächst dem HH kein zusätzlicher Nutzen aus einer Einheit von Gut 1.

Kapitel 2.3: Die optimale Konsumentscheidung

Maximiere den Nutzen des HH unter der Nebenbedingung der Budgetbeschränkung!

Konsument wählt das Güterbündel, welches ihm den höchsten Nutzen bringt, ergo auf der höchsten Indifferenzkurve liegt.

Optimale Konsumentscheidung: Punkt, in dem sich die Budgetgerade und die Indifferenzkurve tangieren (und in dem ihre Steigungen gleich sind). → Optimaler Konsumpunkt

Grenzrate der Substitution = Relativer Preis der Güter

Kapitel 2.4: Die Nachfrage des Haushalts

Steigt das Einkommen des Konsumenten verschiebt sich die Budgetgerade nach außen. Der HH kann von beiden Gütern mehr konsumieren und eine höhere Indifferenzkurve erreichen.

Sinkt das Einkommen des Konsumenten verschiebt sich die Budgetgerade nach innen. Der HH kann von beiden Gütern weniger konsumieren und eine niedrigere Indifferenzkurve erreichen.

Ausnahme: Absolut inferiore Güter (Nachfrage sinkt mit steigendem Einkommen, bspw. Güter des minderen Bedarfs wie Kartoffeln).

Preisänderung: ändert die Steigung der Budgetgeraden, hat folgende Effekte:

1.) Substitutionseffekt: Veränderung des Konsums bei konstantem Nutzenniveau durch Veränderung der relativen Preise. (Gleiches Nutzenniveau → Mehr wird nachgefragt) Die Veränderung der relativen Preise führt auch dazu, dass sich Konsumenten auf der Indifferenzkurve bewegen. (Preisanstieg → Weniger wird nachgefragt)

2.) Einkommenseffekt: Veränderung des Konsums nach einer Preisänderung, da der Konsument weniger oder mehr von allen Gütern konsumieren kann. (geänderte Kaufkraft durch verändertes Realeinkommen)

Der Konsument bewegt sich zur neuen Indifferenzkurve.

Normale Güter: Nachgefragte Menge nimmt mit steigendem Einkommen zu. Beide Effekte wirken in dieselbe Richtung, negative Steigung der Nachfragekurven.

Absolut Inferiore Güter: Nachgefragte Menge nimmt mit steigendem Einkommen ab (bspw. Nutzung des öffentlichen Nahverkehrs). Beide Effekte wirken in entgegengesetzte Richtungen, normalerweise negative Steigung der Nachfragekurve. Bewirkt eine Verschiebung der Nachfragekurve nach links. Substitutionseffekt ist stärker als der Einkommenseffekt.

Relativ Inferiore Güter (Engel-Güter): Nachgefragte Menge nimmt mit steigendem Einkommen unterproportional zu. Nur der Anteil am Einkommen sinkt, welcher bei steigendem Einkommen dafür ausgegeben wird (bspw. Grundnahrungsmittel). Einkommenserhöhung bewirkt eine Verschiebung der Nachfragekurve nach rechts (oben).

Superiores Güter: Nachgefragte Menge nimmt mit steigendem Einkommen zu (Luxusgut). Die Einkommenselastizität der Nachfrage ist hier bei größer als 1. (bspw. Champagner).

Giffen-Güter: Stark inferiore Güter. Einkommenseffekt stärker als der Substitutionseffekt, positive Steigung.

Nachfragekurve: Zusammenhang zwischen der Nachfragemenge und dem Preis des gleichen Gutes. Kann als die Menge der optimalen Konsumentscheidungen eines Verbrauchers interpretiert werden. (ergeben sich aus seiner Budgetbeschränkung und seiner Indifferenzkurvenschar)

Typischer Verlauf: Negative Steigung, da mit sinkendem Preis die nachgefragte Menge steigt.

Prohibitivpreis: Niemand fragt das Gut mehr nach. (schneidet die y-Achse)

Sättigungsmenge: Auch bei einem Preis von Null gibt es Grenzen für den Konsum (schneidet die x-Achse)

Substitute: Güter, wo das Sinken des Preises von Gut 1 die nachgefragte Menge von Gut 2 verringert, bezeichnet man als Substitute.

Komplementäre Güter: Güter, wo das Sinken des Preises von Gut 1 die nachgefragte Menge von Gut 2 erhöht, bezeichnet man als komplementäre Güter.

Kapitel 2.5: Aggregation von Nachfragekurven der Haushalte

Konstante Verteilung der Einkommen auf die Haushalte führt zu einer aggregierten Nachfragefunktion.

Kapitel 2.6: Die Elastizität

Um wie viel Prozent ändert sich die abhängige Variable (bspw. Menge), wenn sich die unabhängige Variable (bspw. Preis) um ein Prozent ändert?

Arten von Elastizitäten:

1.) Preiselastizität der Nachfrage: Misst, wie die Nachfragemenge auf eine Preisänderung reagiert.
   unabhängige Variable: Preis eines Gutes ; abhängige Variable: nachgefragte Menge des Gutes
   → Prozentuale Änderung x / prozentuale Änderung P
   → Negative Elastizität, aber positiv definiert als absoluter Wert
   → Abhängig von: der Existenz von Substituten, Wertung, Marktabgrenzung, Zeithorizont
   → Steigt, wenn...
      o Die Anzahle enger Substitute steigt.
      o Die Güter Luxusgüter sind.
      o Der Markt enger definiert ist.
      o Der Zeithorizont länger ist.
   → Grad der Elastizität:
      o Unelastische Nachfrage: Eine Preisänderung um 1% führt zu einer Änderung der nachgefragten Menge um weniger als 1%.
      o Vollkommen unelastische Nachfrage: Eine Preisänderung führt nicht zu einer Änderung der nachgefragten Menge.
      o Einheitselastische Nachfrage: Eine Preisänderung um 1% führt zu einer Änderung der nachgefragten Menge um 1%.
      o Elastische Nachfrage: Eine Preisänderung um 1% führt zu einer Änderung der nachgefragten Menge um mehr als 1%.

2.) Einkommenselastizität der Nachfrage: unabhängige Variable: Einkommen eines Konsumenten ; abhängige Variable: nachgefragte Menge des Konsumenten
      o Einkommensunelastische Nachfrage: Güter, die die Konsumenten als notwendig betrachten
      o Einkommenselastische Nachfrage: Güter, die die Konsumenten als Luxusgüter betrachten

3.) Kreuzpreiselastizität: unabhängige Variable: Preis von Gut 1 ; abhängige Variable: nachgefragte Menge von Gut 2

4.) Preiselastizität des Angebots: unabhängige Variable: Preis eines Gutes ; abhängige Variable: angebotene Menge des Gutes

Vorsicht! Die Elastizität ist nicht die Steigung!

Mittelwertmethode: Elastizität = Änderung / Mittelwert ; x2-x1 / [(x2+x1)/2] / P2-P1 / [(P2+P1)/2]

Kapitel 2.7: Das Arbeitsangebot

Private Haushalte haben die Wahl zwischen Arbeit und Freizeit.

→ Opportunitätskosten der Freizeit sind der entgangene Lohn bzw. dessen Nutzen
→ Opportunitätskosten der Arbeit sind der Nutzen der Freizeit (Spaß, Erholung,...)

Arbeitsangebotskurve zeigt die Veränderungen von Arbeits- und Freizeitverhalten bei einer Änderung der Opportunitätskosten.

Beispiel: Der Reallohn steigt.

→ Substitutionseffekt: Opportunitätskosten der Freizeit steigen, Freizeit sinkt, Arbeitsangebot steigt.
  o Je höher der Lohn, desto höher die Opportunitätskosten der Freizeit.
  o Die Arbeitsangebotskurve hat eine positive Steigung.
→ Einkommenseffekt: Der Haushalt hat ein höheres Realeinkommen, Konsumgüter und Freizeit nehmen zu.
  o Ab einem bestimmten Reallohnsatz sinkt das zusätzliche Arbeitsangebot.

Ursachen für die Verlagerung der Arbeitsangebotskurve:

- Änderung der Präferenzen
- Änderungen bei alternativen Beschäftigungsmöglichkeiten
- Immigration

Kapitel 3: Theorie der Unternehmung

Unternehmenstheorie: Eine private Unternehmung fragt Faktorleistungen (Arbeit, Sachkapital, Boden), Vor- und Zwischenprodukte nach und produziert daraus andere Güter (Waren und Dienstleistungen, Konsumgüter oder Zwischenprodukte) und bietet diese an. → Gewinneinkommen

Kapitel 3.1: Die Produktionsfunktion

Produktionsfunktion: Beschreibt die technischen Möglichkeiten im Rahmen eines gegebenen Produktionsapparates verschiedene Produktionsmengen mit verschiedenen Faktoreinsatzmengen zu produzieren.

Neoklassische Produktionsfunktion: Zeigt den Zusammenhang zwischen der Produktionsmenge eines Gutes und dem Einsatz an Produktionsfaktoren (Arbeit und Kapital).

Ertragskurve:

- Eigenschaften:
  o Nichtsättigung (überall positive Steigung, Ertragszuwachs bzw. Grenzertrag der Faktors Arbeit oder Kapital ist positiv (unbegrenzte Faktorergiebigkeit))
  o Mit steigendem Einsatz der Faktoren Arbeit oder Kapital sinkt der jeweilige Ertragszuwachs bzw. Grenzertrag (neoklassisches Ertragsgesetz).
- Definitionen:

- o Grenzprodukt: letzte zusätzliche Produktionsmenge, die man mit dem zusätzlichen Einsatz einer Einheit eines Produktionsfaktors erzielt
- o Abnehmendes Grenzprodukt: zusätzliche Einheiten eines Inputfaktors (Arbeit oder Kapital) produzieren immer weniger zusätzlichen Output (bspw. Einstellung von mehr Arbeitnehmern senkt deren Produktivität)
  - > Mit steigendem Output nehmen die Produktionskosten zu, da mehr ineffiziente Inputfaktoren eingesetzt werden.

Kapitel 3.2: Die Kostenfunktion

Produktionskosten:

- Fixkosten: unabhängig von der Produktionsmenge; kurzfristig; langfristig sind alle Produktionskosten variabel
- Investitionen: Beschaffung fixer Faktoren; Güter, die nicht innerhalb einer Periode in den Produktionsprozess eingehen
- Variable Kosten: abhängig vom Faktoreinsatz und den Faktorpreisen; verändern sich mit der Produktionsmenge
- Gesamtkosten: Variable Kosten + Fixkosten
→ Annahme: einheitliche Faktorpreise; Unternehmung handelt als Mengenanpasser

Kapitel 3.3: Die Durchschnittskosten

Durchschnittliche Gesamtkosten (totale Kosten) = durchschn. Fixkosten + durchschn. variable Kosten

Durchschnittliche Fixkosten = Fixkosten / hergestellte Produktmenge

Durchschnittliche Variable Kosten = Variable Kosten / hergestellte Produktmenge

Durchschnittskostenkurve:

- Eigenschaften:
  - o Bei sehr geringer Produktionsmenge sind die durchschnittlichen totalen Kosten auf Grund der fixen Kosten relativ hoch.
  - o Die durchschnittlichen totalen Kosten fallen mit steigendem Output, weil die durchschnittlich fixen Kosten stark fallen.
  - o Bei einer bestimmten Menge beginnen die durchschnittlich totalen Kosten zu steigen, da der Einfluss der fixen Kosten sinkt und die steigenden variablen Kosten die Durchschnittskosten nach oben treiben.

Kapitel 3.4: Die Grenzkosten

Grenzkosten = die Steigung der Kostenkurve (nimmt bis zum Wendepunkt ab und dann wieder zu)

Stellen den Anstieg der Gesamtkosten für die Herstellung einer zusätzlichen Produkteinheit dar.

Kapitel 3.5: Marktformen

Typische Marktstrukturen:

- Monopol (eine Unternehmung für einen Bereich, keine Konkurrenz)

- Oligopol (einige Unternehmen für einen Bereich)
- Konkurrenz (viele Unternehmungen), unterscheidbar in:
    o Monopolistische Konkurrenz (unterschiedliche Produkte)
    o Vollständige Konkurrenz (gleiche Produkte)

Das morphologische Marktformenschema → Siehe Skript S. 152

Kapitel 3.6: Vollständige Konkurrenz (Vollkommener Wettbewerb)

Definition:

- Viele Anbieter und Nachfrager
- Einzelner Anbieter kann auf den Marktpreis keinen Einfluss nehmen (Preisnehmer bzw. Mengenanpasser); Preis = Datum
- Die Nachfrager sind vollständig informiert
- Ein homogenes Gut

Erlöse bei vollständiger Konkurrenz:

- Gesamterlös eines Unternehmens = Verkaufspreis pro Einheit * die verkaufte Menge
- Grenzerlös = die Veränderung des Gesamterlöses durch eine zus. Verkaufte Einheit
- Bei vollständiger Konkurrenz: Grenzerlös = Preis des Gutes

Gewinn bei vollständiger Konkurrenz:

- Gewinn = Gesamterlös – Gesamtkosten
- Ziel der Unternehmung: Gewinnmaximierung
- Im Gewinnmaximum entsprechen die Grenzkosten den Grenzerlösen bzw. dem Preis.

Kapitel 3.7: Das Monopol

Definition:

- Ein Produzent für das Gut, keine nahen Substitute
- Monopolist hat Einfluss auf den Preis des Gutes
- Monopolist nutzt seine Marktmacht, um das Marktergebnis zu seinen Gunsten zu verändern
- I.d.R. setzt er einen höheren Preis (Preisaufschlag) fest, sodass die konsumierte Menge sinkt
→ Wohlfahrtsverluste
- Es wird suboptimal wenig produziert.

Markteintrittsbarrieren:

- Sind die Ursache für die Entstehung von Monopolen.
- Unterscheidbar in:
    o Schlüsselressource: Einem Unternehmen gehört eine für die Produktion wichtige Ressource (bspw. Diamanten).
    o Staatliches Monopol: Regierung räumt nur einem Unternehmen das Recht ein, in einem Bereich tätig zu sein (bspw. Patente und Copyrights → Lobbyismus).
        ▪ Am häufigsten!

- o Natürliches Monopol: Ein Unternehmen kann ein Produkt oder eine Dienstleistung zu geringeren Kosten herstellen als andere Unternehmen, was zu sinkenden Durchschnittskosten führt (bspw. Müllabfuhr, Elektrizitätsnetze).

Erlöse im Monopol:

- Monopolist steht einer negativ geneigten Nachfragekurve (PAF) gegenüber.
  - o Preis Erhöhung führt zu einer Senkung der Absatzmenge
    - > Er bekommt für jede verkaufte Einheit mehr, kann aber weniger verkaufen.
  - o Preis Senkung führt zu einer Erhöhung der Absatzmenge
    - > Zwei gegenläufige Effekte wirken auf den Gesamterlös:
      - Preiseffekt: Preis wird gesenkt
      - Mengeneffekt: Menge steigt
- Der Monopolist wählt die gewinnmaximale Kombination von Preis und Absatzmenge, also den gewinnmaximalen Punkt auf der Preisabsatzfunktion (P und X sind voneinander abhängig!):

Gewinn im Monopol:

- Ziel des Monopolisten: Gewinnmaximierung
- Er maximiert seinen Gewinn bei der Produktionsmenge für die gilt Grenzerlös = Grenzkosten
- Um diesen Punkt zu ermitteln, lotet er auf der Preisabsatzfunktion
- Beachte: Im Monopol ist der Preis höher als die Grenzkosten!

Elastizität im Monopol:

- Wenn die Nachfrage unelastisch ist, steigt bei einer Preiserhöhung der Erlös.
- Da mit dem Mengenrückgang auch die Kosten sinken, steigt der Gewinn.
- Im Bereich unelastischer Nachfrage kann folglich nicht das Gewinnmaximum liegen.
- Der Monopolist wird immer in einem Bereich der Nachfrage anbieten, in dem die Nachfrage elastisch reagiert.
- Die Monopolmacht und damit der relative Preisaufschlag sind umso größer, je unelastischer die Nachfrage ist, da sich Preisaufschläge dann leichter durchsetzen lassen. (bspw. relativ große Marktmacht der Energieversorger)

Kapitel 3.8: Das Oligopol

Definition:

- Unvollständige Konkurrenz
- Mittelweg zwischen Monopol und vollständiger Konkurrenz
- Oligopolisten haben zwar Wettbewerber, sind aber keine reinen Preisnehmer
- Wenige Unternehmen bieten ähnliche oder identische Produkte an
- → Zentrale Fragestellung: Kooperation mit anderen Unternehmen oder Verfolgen von Eigeninteresse? (abhängig von (Preis-)Strategie)

Duopol = Oligopol mit nur 2 Anbietern

Resultate von Oligopolen:

- Individuelle Gewinnmaximierung führt dazu, dass sie zusammen eine größere Menge als ein Monopolist und eine kleinere Menge als ein Polypolist auf den Markt bringen können
- Preise auf einem Oligopolmarkt sind niedriger als bei einem Monopol, aber höher als bei vollständiger Konkurrenz (liegen also über den Grenzkosten)
- Oligopolisten nutzen ihre Marktmacht, um den Preis über die Grenzkosten anzuheben.
→ Wohlfahrtsverlust entsteht
→ Sache für den Staat!

Kapitel 3.9: Die Angebotsfunktion

Betriebsminimum bzw. Produktionsschwelle:

- Keine Deckung der Fixkosten
- Kurzfristig kann eine Unternehmung einen Verlust hinnehmen
- Im Minimum der durchschn. variablen Kosten entsprechen die Grenzkosten den durchschn. variablen Kosten.
- Betriebsminimum = die kurzfristige Preisuntergrenze

Betriebsoptimum bzw. Gewinnschwelle:

- Gewinn = Null
- Bedeutet nicht, dass die Unternehmung nicht mehr lebensfähig ist. Die Verzinsung des Kapitals und der Unternehmerlohn sind in den Kosten enthalten (normal profit).
- Im Minimum der durchschn. totalen Kosten entsprechen die Grenzkosten den durchschn. totalen Kosten.
- Betriebsoptimum = die langfristige Preisuntergrenze

Produktionsentscheidung:

- In der Vergangenheit angefallene, irreversible Kosten (sunk costs) spielen keine Rolle bei der Entscheidung, die Produktion einzustellen. Produziert wird, wenn die laufenden Kosten gedeckt werden.
- Ein Unternehmen wird die Produktion dann einstellen, wenn die Erlöse unter den variablen Kosten liegen (bei vollständiger Konkurrenz).
- Der Teil der Grenzkostenkurve, der über der Kurve der durchschnittlichen variablen Kosten liegt, ist die *kurzfristige Angebotskurve* eines Unternehmens bei vollständiger Konkurrenz.
- Langfristig wird ein Unternehmen einen Markt verlassen (Marktaustritt), wenn der Gesamterlös unter den Gesamtkosten liegt.
- Markteintritt, wenn…
  o … der Gesamterlös über den Gesamtkosten liegt.
  o … der Preis über den durchschnittlichen totalen Kosten liegt.
- Die *langfristige Arbeitskurve* des Unternehmens bei vollständiger Konkurrenz ist der Teil der Grenzkostenkurve, der oberhalb der Kurve der gesamten Durchschnittskosten liegt.

Die graphische Darstellung der Angebotskurve:

- Die Anbieter sind erst ab einem Mindestpreis (der die Grenzkosten deckt) bereit, überhaupt das Gut anzubieten. → Steigt auf der y-Achse erst bei diesem Preis ein.

- Bewegung <u>auf</u> der Angebotskurve: Die Veränderung der Angebotsmenge wird verursacht durch eine Preisänderung.
- Die Angebotskurve <u>verschiebt</u> sich durch Veränderung folgende Faktoren:
  - o Inputpreise
  - o Technologie
  - o Erwartungen
  - o Anzahl der Verkäufer

Kapitel 3.10: Aggregation (Zusammenfassung) von Angebotskurven der Unternehmen

<u>Kurzfristiges Marktangebot</u>: Summe der durch die einzelnen Unternehmungen angebotenen Mengen

<u>Graphische Darstellung</u>: Aggregierte kurzfristige Angebotsfunktion als Summe zweier Unternehmen

→ Skript S. 202

Kapitel 3.11: Die Arbeitsnachfrage

<u>Grenzprodukt der Arbeit:</u>

- Sinkt mit zunehmendem Arbeitseinsatz (Arbeitsstunden) → abnehmendes Grenzprodukt der Arbeit
  - o Jede weitere zusätzlich eingesetzte Einheit trägt weniger als die zuvor eingesetzte Einheit zur Gesamtproduktion bei. → abnehmender Beitrag zur Gesamtproduktion
  - o Die Steigung der Produktionsfunktion sinkt, je mehr Arbeit eingesetzt wird.

<u>Wertgrenzprodukt der Arbeit:</u>

- Wert des Outputs, den eine zusätzliche Arbeitseinheit produziert
- Das Grenzprodukt fällt mir zunehmendem Arbeitseinsatz. Der Preis (des Outputs) ist bei vollständiger Konkurrenz konstant.
- → Das Wertgrenzprodukt sinkt mit zunehmendem Arbeitseinsatz.

<u>Arbeitsnachfrage:</u>

- Der Reallohn (gemessen in Gütern) entspricht den Grenzkosten der Arbeit, das Wertgrenzprodukt den Grenzerlösen
- → Der Gewinn ist maximal, wenn das Wertgrenzprodukt gleich dem Lohn ist.
- → Solange: Wertgrenzprodukt > Lohn, lohnt es sich zusätzliche Arbeitseinheiten zu beschäftigen
- Bei vollständiger Konkurrenz entspricht die Wertgrenzproduktkurve eines Unternehmens seiner *Nachfrage nach Arbeit.*
- <u>Mögliche Ursachen einer Verlagerung der Arbeitsnachfrage:</u>
  - o Änderung des Preises des Endproduktes
  - o Technologische Änderungen
  - o Änderung des Angebots anderer Produktionsfaktoren

Kapitel 4: Der Markt: Angebot und Nachfrage

Der Markt:

- Besteht aus Gruppen potenzieller Käufer und Verkäufer einer bestimmten Ware oder Dienstleistung
- Gruppe der potenziellen Käufer bestimmt die Nachfrage nach einem Gut
- Gruppe der potenziellen Verkäufer bestimmt das Angebot eines Guts

Erinnerung: Nachfragekurve:

- Bewegung auf der Nachfragekurve: Veränderung der Nachfragemenge wird verursacht durch eine Preisänderung
- Nachfragekurve verschiebt sich bei Veränderungen:
  - o Des Einkommens der Konsumenten
  - o Der Preise von verwandten Gütern
  - o Von Präferenzen (Geschmack, Vorlieben)
  - o Von Erwartungen
  - o Der Anzahl der Käufer

Erinnerung: Angebotskurve:

- Anbieter sind erst ab einem Mindestpreis (der die variablen Grenzkosten deckt), bereits, überhaupt das Gut anzubieten
- Bewegung auf der Angebotskurve: Veränderung der Angebotsmenge wird verursacht durch eine Preisänderung
- Angebotskurve verschiebt sich durch Veränderung folgender Faktoren:
  - o Inputpreise
  - o Technologie
  - o Erwartungen
  - o Anzahl der Verkäufer
- Angebotsmenge sinkt bei steigenden Inputkosten
- Bei technischem Fortschritt steigt die angebotene Menge

Das Gleichgewicht von Angebot und Nachfrage:

- Gleichgewicht: Ein Zustand, bei dem angebotene und nachgefragte Mengen gleich sind.
- Gleichgewichtspreis: Der Preis, der Angebot und Nachfrage zur Übereinstimmung bringt.
- Gleichgewichtsmenge: Angebotene und nachgefragte Menge beim Gleichgewichtspreis.
- Gesetz von Angebot und Nachfrage: Preisanpassungen führen zur Angleichung angebotener und nachgefragter Gütermengen.
- Gleichgewicht ergibt sich aus dem spontanen Verhalten von Käufern und Verkäufern (unsichtbare Hand).
- In einer Marktwirtschaft sind Preise die Signale, die das Verhalten wirtschaftlicher Akteure und damit die Zuteilung knapper Ressourcen bestimmen.

Kapitel 5: Märkte und Wohlfahrt

Wohlfahrtsökonomie:

- Maximieren Gleichgewichtsmenge und Gleichgewichtspreis die Gesamtwohlfahrt von Konsumenten und Produzenten?
- Zentrale Fragestellung: Wie beeinflusst die Allokation der Ressourcen die wirtschaftliche Wohlfahrt?
- Käufer und Verkäufer ziehen einen Nutzen aus der Teilnahme an Marktprozessen
- Marktgleichgewicht maximiert den Gesamtnutzen und damit die Gesamtwohlfahrt von Käufern und Verkäufern der gehandelten Güter.

Wohlfahrtsökonomik: Ist die Allokation knapper Ressourcen durch den Markt wünschenswert? → Zentrale Fragestellung

Konsumentenrente:

- Misst die ökonomische Wohlfahrt der Konsumenten
- Zahlungsbereitschaft = Höchstbetrag, den ein Käufer für ein Gut zu zahlen bereit ist (misst welchen Wert ein Käufer einem Gut beimisst → Güterwert für Käufer).
- Konsumentenrente = Zahlungsbereitschaft – tatsächlicher Preis
  - o Fläche unter der Nachfragekurve und über dem gezahlten Preis = Konsumentenrente
- Trotz unterschiedlicher Wertschätzung des Gutes gilt am Markt ein einheitlicher Preis.
- Misst den Nutzen, den die Käufer nach ihrer eigenen Einschätzung zusätzlich erhalten.
- Aggregieren aller Konsumentenrenten = Konsumentenrente aller Käufer

Produzentenrente:

- Misst die ökonomische Wohlfahrt der Verkäufer und den Nutzen eines Verkäufers aus seiner Teilnahme am Marktgeschehen
- Angebotskurve gibt an, welchen Preis die Anbieter für ein Gut mindestens fordern.
  - o Preis zeigt an, dass einem Gut höchstens dieser Wert beigemessen wird.
- Produzentenrente = Verkaufspreis – Produktionskosten
  - o Verkaufspreis = tatsächlich erhaltener Preis
  - o Fläche unter dem Preis und über der Angebotskurve = Produzentenrente
- Aggregieren aller Produzentenrenten = Produzentenrente aller Anbieter

Markteffizienz:

- Ressourcenallokation ist effizient, wenn die größtmögliche Gesamtrente aller Marktteilnehmer erzielt wird.
- Freie Märkte teilen das Güterangebot jeden Käufern zu, die es, gemessen an der Zahlungsbereitschaft, am höchsten bewerten.
- Freie Märkte teilen die Güternachfrage jenen Verkäufern zu, welche die Güter zu den geringsten Kosten produzieren können.
- Freie Märkte führen zur Produktion jener Gütermengen, die mit einem Maximum an Produzenten- und Konsumentenrente verbunden ist.
- Marktgleichgewichte entsprechen einer effizienten Allokation von Ressourcen.
- Markt führt nur dann zu einer optimalen Allokation, wenn kein Marktversagen vorliegt.

<u>Gesamtrente</u> = Konsumentenrente + Produzentenrente

<u>Marktmacht</u>:

- Bei unvollständigem Wettbewerb entsteht Marktmacht
- Käufer und/oder Verkäufer sind in der Lage die Preise zu beeinflussen
- Marktmacht kann zu Marktineffizienzen führen
  → Entfernung vom Marktgleichgewicht

Wohlfahrtseffekte im Monopol

<u>Verteilung der Renten im Monopol</u>:

- Im Monopol liegt der Preis über dem Preis bei vollständiger Konkurrenz. Es wird eine geringere Menge gehandelt.
- Produzentenrente ist höher als bei vollständiger Konkurrenz, Konsumentenmenge geringer
- Entstehung eines Wohlfahrtsverlust
  → Aufgabe des Staates zur Regulierung

Kapitel 6: Gleichgewicht auf dem Arbeitsmarkt

<u>Arbeitsangebot</u>:

- Private Haushalte (Arbeitsanbieter) haben die Wahl zwischen Arbeit und Freizeit
- S. Opportunitätskosten
- Arbeitsangebotskurve zeigt die Veränderung von Arbeits- und Freizeitverhalten bei einer Änderung der Opportunitätskosten

<u>Gleichgewicht auf dem Arbeitsmarkt</u>:

- Gleichgewichtiger Reallohn = Wertgrenzprodukt der Arbeit
- Gleichgewicht herrscht, wenn Arbeitsangebot und –nachfrage sich die Waage halten

<u>Arbeitsangebotskurve</u>:

- Verlagerung durch steigendes Arbeitsangebt (Immigration)
  o Arbeitskräfteüberschuss
  o Führt zu Druck auf die Löhne
  o Löhne sinken, es wird profitabel, mehr Arbeitnehmer einzustellen
  o Grenzproduktivität und Wertgrenzprodukt der Arbeit fallen
  o Neues Gleichgewicht

<u>Arbeitsnachfragekurve</u>:

- Verlagerung durch steigende Arbeitsnachfrage (Produktivitätssteigerung)
  o Nachfrageüberschuss
  o Wertgrenzprodukt steigt, es wird profitabel, mehr Arbeitnehmer einzustellen
  o Löhne steigen
  o Neues Gleichgewicht

Ungleichgewichte auf dem Arbeitsmarkt:

Gewerkschaften und Arbeitslosigkeit:

- o Löhne werden in Tarifverhandlungen ermittelt
- o Arbeitgeber durch Arbeitgeberverbände vertreten
- o Arbeitnehmer durch Gewerkschaften vertreten
- o Ausnahme: gesetzlicher Mindestlohn

Ist der Tarif- oder Mindestlohn höher als der Gleichgewichtslohn:

→ Klassische Arbeitslosigkeit (bzw. Mindestlohnarbeitslosigkeit, unfreiwillige Arbeitslosigkeit)

Haben Gewerkschaften ein Interesse an Löhnen über dem Gleichgewichtslohn?

- o Lohnsatz wird so bestimmt, dass für die Arbeitsnehmer eine optimale Produzentenrente erzielt wird.
- o Gewerkschaften können durch Lohnerhöhungen die Rente der Arbeit (PR) zu Lasten der Rente der Unternehmer (KR) erhöhen. → *Wohlfahrtsverlust für die Gesellschaft*

Insider-Outsider-Problem:

- Annahme: Gewerkschaften denken in erster Linie an ihre Mitglieder und nicht an die Arbeitslosen.
- Insider = Arbeitnehmer, die bei dem überhöhten Lohn beschäftigt werden. Sie erzielen eine höhere Rente (PR) als ohne Gewerkschaft.
- Outsider = Arbeitnehmer, die bei dem überhöhten Lohn keine Beschäftigung haben. Sie verlieren ihre gesamte Rente.
- Relevanz = Tendenz zu überdurchschnittlichen Lohnanhebungen bei gering qualifizierten Arbeitnehmern. Gewerkschaften sind aber nicht die einzigen Monopolisten, auch die Arbeitgeber sind organisiert. → Bilaterales Monopol

Vorteil der zentralen Lohnfindung für Unternehmen:

- Einsparung von Transaktions- und Informationskosten
- „Sozialer Friede" im Unternehmen

Vorteil der zentralen Lohnfindung für Arbeitnehmer:

- Schutz vor lokalem Monopson (ein einziger Nachfrager)
- Vermeidung des Problems der asymmetrischen Information

Kapitel 7: Die Funktionen des Staates

Idealtyp: Reine/ Freie Marktwirtschaft:

- Wirtschaftssystem, in dem alle ökonomischen Prozesse auf dem Wege der Koordinierung individueller Pläne von Anbietern und Nachfrager durch die Märkte und den Preismechanismus stattfinden.
- Grundprinzipien:
  - o Leistungsprinzip (Eigeninteresse), Nutzen/Gewinn maximieren
  - o Privateigentum (Verfügungsrechte, Property Rights)
  - o Vertragsfreiheit
  - o Wettbewerbsfreiheit
  - o Konsumentenfreiheit
  - o Gewerbefreiheit
  - o Niederlassungsfreiheit
  - o Freie Berufswahl
  - o Freie Wahl des Arbeitsplatzes
- → „Laissez faire" des Staates: vollständiger Verzicht auf Einmischung

Soziale Marktwirtschaft nach Ludwig Erhard (1897-1977):

„Der tiefe Sinn der Sozialen Marktwirtschaft liegt darin, das Prinzip der Freiheit auf dem Markt mit dem des sozialen Ausgleichs und der sittlichen Verantwortung jedes Einzelnen dem Ganzen gegenüber zu verbinden."

→ Wirtschaftsordnung, die die liberalen Grundprinzipien der Marktwirtschaft mit sozialen Zielen verbindet.

Funktionen des Staates:

- Distributionsfunktion:
  - o Verteilung der Einkommen am Markt nach dem Prinzip der Leistungsfähigkeit
  - o Geringe Leistungsfähigkeit <-> Existenzminimum
- Allokationsfunktion:
  - o Institutionelle Rahmenbedingungen:
    - ▪ Rechtsordnung
    - ▪ Währungssystem
    - ▪ Innere und äußere Sicherheit („öffentliche Güter")
  - o Wettbewerbspolitik
  - o Sozialer Sicherung
  - o Umweltpolitik
- Stabilisierungsfunktion:
  - o „Gleichgewicht bei Unterbeschäftigung"

Effizienz des Steuersystems:

- Steuersystem ist effizienter als ein anderes, wenn es die gleichen Einnahmen bei geringeren Kosten für die Steuerzahler (Steuerzahlung, Wohlfahrtsverluste, Erhebungskosten) aufweist
- Definition: geringe Wohlfahrtsverluste und geringe administrative Lasten
- Wohlfahrtsverluste durch:
  o Verringerung des wirtschaftlichen Wohlergehens der Steuerzahler (minus den Einnahmen, die die öffentliche Hand erzielt)
  o Verzerrung der Anreize
  o Administrativer Aufwand der Steuererhebung
  o Verlust durch das Dokumentieren (Zeit, Geld) und das Vermeiden von Steuern

Steuergerechtigkeit:

- Prinzipien der Besteuerung:
  o Äquivalenzprinzip: Wirtschaftssubjekte zahlen Steuern entsprechend dem Nutzen, den sie aus den Staatsleistungen ziehen.
  o Leistungsfähigkeitsprinzip: Jeder soll nach seiner wirtschaftlichen Leistungsfähigkeit an der Finanzierung des als notwendig erachteten Steueraufkommens beteiligt werden
- Gerechtigkeitsvorstellungen:
  o Vertikale Gleichbehandlung:
    ▪ Steuerzahler mit einer größeren Leistungsfähigkeit sollen auch stärker an der Finanzierung des als notwendig erachteten Steueraufkommens beteiligt werden.
    ▪ Alternative Steuersysteme:
      • Proportionale Steuer: Wirtschaftssubjekte mit hohem und niedrigem Einkommen zahlen jeweils den gleichen Anteil aus ihrem Einkommen.
      • Regressive Steuer: Wirtschaftssubjekte mit hohem Einkommen zahlen einer geringeren Anteil aus ihrem Einkommen als Subjekte mit niedrigem Einkommen.
      • Progressive Steuer: Wirtschaftssubjekte mit hohem Einkommen zahlen einen größeren Anteil aus ihrem Einkommen als Subjekte mit niedrigem Einkommen.
  o Horizontale Gleichbehandlung:
    ▪ Gleiche wirtschaftliche Leistungsfähigkeit muss die gleiche Steuerbelastung zur Folge haben.

Steuersatz:

- Durchschnittssteuersatz: gesamte gezahlte Steuern geteilt durch das gesamte Einkommen
- Grenzsteuersatz: zusätzlich zu zahlende Steuer bei jedem zusätzlichen Euro an Einkommen
- Pauschalsteuer (Kopfsteuer): Steuer, die in gleicher Höhe von jeder Person erhoben wird, ohne Berücksichtigung des Einkommens oder irgendeiner Handlung dieser Person.

Kapitel 7.1: Distributionsfunktion des Staates

Instrumente:

- Direkter Eingriff in den Marktprozess durch Höchst- und *Mindestpreise*
  ➔ Wollen einen anderen Preis als den Gleichgewichtspreis durchsetzen!
- Umverteilung durch das Steuersystem
  - o Indirekte Steuern (Mehrwertsteuer)
    - ▪ Marktpreis steigt, Gleichgewichtsmenge sinkt
    - ▪ KR und PR sinken
    - ▪ Steuereinnahmen
    - ▪ Wohlfahrtsverlust
  - o Direkte Steuern (Einkommensteuer)
    - ▪ Beschäftigung sinkt (senkt den Arbeitsanreiz)
    - ▪ Reallohn steigt
    - ▪ Wohlfahrtsverlust wird von Arbeitnehmern **und** Arbeitgebern getragen
- Umverteilung über die sozialen Sicherungssysteme
  - o Insbesondere gesetzliche Krankenversicherung

Zuteilungsverfahren:

- „Windhund-Verfahren" (First come – first served)
- Türsteher
- Rationierung durch den Staat (bspw. Lebensmittelmarken)
- Markt wird zu Verkäufer-Markt: Anbieter gewinnen Macht über die Konsumenten

Begrenzung des Angebots:

- Quoten
- Aufkaufen des Überschusses durch den Staat
- Absicherung durch Handelsbeschränkungen gegenüber Drittländer
  EU ➔ Problem für Entwicklungsländer

Kapitel 7.2: Allokationsfunktion des Staates

Ziel: Staatliche Intervention bei Marktversagen, sodass eine Situation mit maximaler Wohlfahrt für die Gesellschaft entsteht (Wettbewerbspolitik verhindert Wohlfahrtsverluste eines Monopols).

Beispiele:

- Wettbewerbspolitik
- Soziale Absicherung gegen Alter, Krankheit, Arbeitslosigkeit
- Bereitstellen *Öffentlicher Güter*: Rechtssystem, Währungsordnung, Landesverteidigung
- Sicherung des Konsums Öffentlicher Güter: Luft, Wasser

Öffentliche Güter

Eigenschaften, die Gütergruppen unterscheiden:

- Ausschließbarkeit
    - Nicht-zahlende Konsumenten können vom Konsum eines Gutes ausgeschlossen werden. (bspw. private Güter: Kleidung, Nahrung usw.)
- Nicht-Ausschließbarkeit
    - Nicht-zahlende Konsumenten können vom Konsum des Gutes nicht ausgeschlossen werden.
        - Ausschluss ist aufgrund von Transaktionskosten nicht (oder mit sehr hohen Kosten) möglich (bspw. Verteidigung, Innere Sicherheit).
        - Ausschluss wird aus anderen Gründen nicht praktiziert (bspw. Autobahnnutzung durch PKWs, Studium in Greifswald).
    - Kann ein Nachfrager nicht vom Konsum eines Gutes ausgeschlossen werden, kann er seine Zahlung in der Hoffnung verweigern, dass andere die Kosten übernehmen.
        - Trittbrettfahrer: Nutzen, ohne dafür zu bezahlen.
        - Trittbrettfahrerproblem verhindert, dass private Märkte öffentliche Güter anbieten.
        - Lösung des Problems: Bereitstellung durch die Regierung, wenn der Gesamtnutzen die Gesamtkosten übersteigt.
        - → Wohlfahrt der Volkswirtschaft steigt!

- Rivalisierender Konsum
    - *Definition*: Konsum des Gutes durch einen Nachfrager verringert die Konsummöglichkeiten anderer Nachfrager
- Nicht-rivalisierender Konsum
    - *Definition*: Der zusätzliche Konsum eines Nachfragers ist mit Grenzkosten von Null möglich (bspw. Rundfunk, Fernsehen, Autobahnen, Vorlesungen, Telefonnetz).
        - Bei Anwendung der Regel Preis = Grenzkosten könnte der Preis also Null sein (keine Deckung der Fixkosten).
        - Preis ist Null, Marktsignal: Gut ist wertlos.
        - Angebotsseite: Kein privater Anbieter
        - Nachfrageseite: Konsum bis zur Sättigungsgrenze
    - Kostenlose Güter führen dazu, dass Märkte keine Allokationsfunktion übernehmen, da keine Preismechanismen und Marktkräfte greifen
        - → Staatliche Interventionen

Externe Effekte und deren Internalisierung

Definition externe Effekte = Unkompensierte Auswirkungen (positiv oder negativ) auf die Wohlfahrt unbeteiligter Dritter.

Unterscheidbar in...

- Negative externe Effekte (bspw. Zigarettenrauch, laute Nachbarn, Emission von Industrie)
- Positive externe Effekte (bspw. Impfen, Forschung, Bildung)
  - o Der gesellschaftliche Wert übersteigt den privaten Wert eines Gutes
  - o Technologischer Spillover: Innovationen kommen oft nicht nur dem Unternehmen zugute, das sie entwickelt und finanziert hat.
  - o Optimale Menge liegt über der Gleichgewichtsmenge
  - o Markt produziert eine Menge, die unter dem sozialen Optimum liegt und bei der der soziale Wert eines Gutes den privaten Wert übersteigt
  - o Internalisierung durch...
    - Subventionen
    - Technologiepolitik: Förderung von Industrien mit hohem techn. Potenzial
    - Patentrechte: Formen der Technologieförderung (Eigentumsrecht für den Erfinder für eine gewisse Zeit)

Private Kosten = ... des Produzenten wie bspw. Gebäude, Maschinen, Arbeitslohn

Soziale Kosten = für jede produzierte Einheit die privaten Kosten des Produzenten plus die Kosten der unbeteiligten Dritten, die durch die Produktion betroffen sind.

Soziale Kosten = Private Kosten + Kosten des negativen externen Effektes

Negativer externer Effekt = Soziale Kosten − Private Kosten

Internalisierung externer Effekte:

- Voraussetzung: Gesellschaftlich optimales Outputniveau liegt unter dem Outputniveau, welches im Marktgleichgewicht produziert wird.
- Definition: Schaffung von Anreizen, damit die Wirtschaftssubjekte die externen Effekte bei ihren Handlungen berücksichtigen

Coase-Theorem:

- Aussage: Problem externer Effekte kann durch private Verhandlungen gelöst werden, vorausgesetzt die Eigentumsrechte sind klar definiert, geringe Transaktionskosten.
- Verhandlungsergebnis:
  - o Unabhängig von der Verteilung der Rechte (Invarianzthese)
  - o Verhandlungsstärke spielt keine Rolle (Neutralitätsthese)
  - o Gesamtnutzen beider Parteien ist maximal (Effizienzthese)
- Probleme:
  - o Verteilungseffekte
  - o Transaktionskosten der Organisation der Geschädigten (reduziert Zahlungsbereitschaft bzw. Forderungen steigen um die Transaktionskosten)
  - o Informationsproblem (Präferenzen, Zahlungsbereitschaft, Trittbrettfahrerproblem)

Staatliche Lösungen:

- Für negative externe Effekte: Dafür sorgen, dass den Konsumenten die sozialen Kosten bewusst werden.
- Für positive externe Effekte: Bereitstellung der Güter und Finanzierung über Steuern
- Mittel für staatliche Lösungen:
  - Verbote oder Gebote (bspw. Impfzwang, Festlegung von Emissionsniveaus)
  - Steuern und Subventionen
  - Pigou-Steuer: Steuern zur Internalisierung negativer externer Effekte (im sozialen Optimum)
  - Handelbare Umweltzertifikate
    - Spezifizieren Rechte auf Umweltbelastungen
    - Erlauben den Transfer von Umweltverschmutzungsrechten zwischen Unternehmen
    - Bewirkt, dass Unternehmen, die die Verschmutzung zu niedrigen Kosten verringern kann, ihre Rechte an Unternehmen mit höheren Kosten zur Verringerung der Verschmutzung verkauft.
  - Auflagen
    - Emissionsauflagen: Grenzwerte für die maximal zulässige Emissionsmenge
    - Produktionsauflagen: Verbot oder Begrenzung der Produktion umweltschädlicher Güter
    - Prozessauflagen: Vorgaben für Produktionsverfahren
      → Umweltstandards können mit Sicherheit erreicht werden.
      → Allerdings auch kein Anreiz die Emission durch technischen Fortschritt zu verringern (im Gegensatz zur Pigou-Steuer).

II. Makroökonomie

Kapitel 8: Das Volkseinkommen

Volkseinkommen/ Nationaleinkommen:

- Von einer Volkswirtschaft auf den Güter- und Dienstleistungsmärkten erbrachte Leistung
- BIP: Wert aller für den Endverbrauch bestimmten Güter und Dienstleistungen, welche in einer Zeitperiode im Inland produziert worden sind
- BSP: Produktion im Inland oder Beteiligung an der Produktion von Inländern im In- und Ausland (nur Pendler, keine Gastarbeiter)

Volkswirtschaftliche Gesamtrechnung:

Setzt sich zusammen aus...

- Entstehungsrechnung
  - Produktionswert-Vorleistungen = Bruttowertschöpfung
  - ... + Gütersteuern-Gütersubventionen = BIP
- Verteilungsrechnung (Gesamteinkommen der Haushalte)

- o Arbeitnehmerentgelt (Inländer)+ Unternehmens- und Vermögenseinkommen = Volkseinkommen
- o ... + Produktions- und Importabgaben an den Staat – Subventionen + Abschreibungen = Bruttonationaleinkommen
- o ... + Primäreinkommen aus der übrigen Welt (Saldo) = BIP
- Verwendungsrechnung (Ausgabenansatz für die Endverwendung)
  - o Private Konsumausgaben+ Konsumausgaben des Staates+ Bruttoinvestitionen (einschließlich Vorratsveränderungen)+ Außenbeitrag (Exporte-Importe) = BIP

BIP als Wohlstandsindikator:

- BIP pro Kopf (durchschnittliches Einkommen der Bevölkerung) ist der beste verfügbare Wohlstandsindikator (Lebensstandard)
- Nicht enthalten sind:
  - o Informeller Sektor (Schwarzmarkt, Schwarzarbeit)
  - o Nicht auf einem Markt gehandelte Güter/ Produktion im Haushalt (Hausarbeit, Garten, Kindererziehung etc.)
  - o Ohne Preise erstellte Güter (Volunteer, Praktikum)
- Ungenauigkeiten:
  - o Güter ohne Marktpreis gehen zu Produktionskosten in das BIP ein (bspw. öffentliche Güter und staatliche Leistungen, wie Inner- und äußere Sicherheit, Gerichte, Polizei usw.)
  - o Nicht-materielle Werte: Qualität der Bildung, Gesundheit, Qualität der Umwelt, Meinungsfreiheit, Zufriedenheit, Arbeitsplatzsicherheit etc.
  - o Wert der Freizeit
  - o Einkommensverteilung
  - o Was wird produziert?

Reales BIP:

- bewertet die Produktion von Gütern und Dienstleistungen zu den Preisen des Vorjahres
- um Preissteigerungen herauszurechnen, wird das reale BIP mit Hilfe des *BIP-Deflators* berechnet

Nominales BIP:

- bewertet den Output von Gütern und Dienstleistungen zu laufenden Marktpreisen
- steigt, wenn die (reale) Produktion zugenommen hat <u>oder</u> wenn die Preise steigen

BIP-Deflator:

- Maß des allgemeinen Preisniveaus
- Zeigt, wie viel der Zunahme des nominalen BIP eine Folge von Preiserhöhungen ist
- BIP-Deflator = 100 * (Nominales BIP / Reales BIP)

Außenbeitrag = Exporte – Importe

BIP = Private Konsumausgaben + Konsumausgaben des Staates + Bruttoanlageinvestition + Vorratsveränderungen + Außenbeitrag

BIP = Bruttonationaleinkommen – Saldo der Primäreinkommen aus der übrigen Welt

Inländerkonzept = Alles, was an Gütern und Dienstleistungen von (dauerhaften) Inländern in Inland und Ausland produziert wird, gehört zum BNE.

Inlandskonzept = Alles, was an Gütern und Dienstleistungen im Inland produziert wird, gehört zum BIP (unabhängig von der Staatszugehörigkeit).

Kapitel 9: Inflation und die Messung der Lebenserhaltungskosten

Verbraucherpreisindex (VPI):

- Definitionsansätze:
  - o „Misst die durchschnittliche Preisentwicklung aller Waren und Dienstleistungen, die von privaten Haushalten für Konsumzwecke gekauft werden."
  - o „Liefert ein Gesamtbild der Teuerung in Deutschland, bei dem alle Haushaltstypen, alle Regionen von Deutschland und sämtliche dort nachgefragten Waren und Dienstleistungen einbezogen sind."
  - o „Ist der zentrale Indikator zur Beurteilung der Geldwertentwicklung in Deutschland und wird als Orientierungsmaßstab etwa bei Lohnverhandlungen und in vertraglichen Vereinbarungen über die Höhe von wiederkehrenden Zahlungen verwendet."
- Warenkorb: enthält Güter und Dienstleistungen, die von einem „typischen" Haushalt am häufigsten gekauft werden (gruppiert und gewichtet)
- Berechnung:
  - o Preise der Güter und Dienstleistungen → Preis des Warenkorbs → Vergleich zu verschiedenen Zeitpunkten
  - o Basisjahr: Verbraucherpreisindex = 100 Prozent
  - o VPI wird jeweils als prozentualer Wert gegenüber dem Basisjahr angegeben.
- Inflation = Anstieg des allgemeinen Preisniveaus
- Inflationsrate = prozentuale Veränderung des Preisniveaus (VPI) gegenüber der Vorperiode
  - o Inflationsrate 2012 = 100 * ((VPI 2012 – VPI 2011) / VPI 2011)

Probleme bei der Ermittlung der Lebenserhaltungskosten:

- Substitutionsverzerrungen: Konsumenten substituieren relativ teuer gewordene Güter durch relativ billig gewordene. Da die Güter im Warenkorb festgelegt sind, wird dies nicht erfasst.
  → Überschätzung der Inflationsrate
- Einführung neuer Güter: diese werden nicht (sofort) im Warenkorb erfasst → Die Veränderung der Kaufkraft durch neue Güte wird nicht erfasst
- Nicht erfasste Qualitätsänderungen: → Preisänderungen → Inflation wird überschätzt (Erfassung von Qualitätsänderungen ist problematisch und unvollständig)
- Die aktuelle Inflationsrate wird überschätzt <-> VPI wird bei Lohnverhandlungen, der Festsetzung von Renten und Sozialhilfe verwendet

BIP-Deflator vs. VPI:

- Importierte Konsumgüter: Enthalten in VPI, nicht enthalten im BIP-Deflator
- Kapitalgüter: Nicht enthalten in VPI, enthalten im BIP-Deflator (wenn im Inland produziert)
- Warenkorb: VPI verwendet festen Warenkorb, BIP-Deflator verwendet Korb gegenwärtig produzierter Güter und Dienstleistungen

Kaufkraftverlust:

- Geldentwertung trifft alle WS mit nominalen Einkommen
- Umverteilungseffekte:
  o Lieft infolge von Inflation die Erhöhung der Nominallöhne unter der Inflationsrate → Umverteilung von Arbeit zu Kapital (Reallöhne fallen)
  o Lieft (infolge von Inflation) der Nominalzinssatz unter der Inflationsrate → Umverteilung von Sparern (Gläubigern) zu Schuldnern (Realzinsen fallen)
  o Realer Zinssatz = Nominaler Zinssatz − Inflationsrate

Indexierung:

- Preisindizes = Vergleich der Kaufkraft von Geldbeträgen zu unterschiedlichen Zeitpunkten
- Indexierung ermöglicht es Verträge an die Entwicklung des Preisniveaus anzupassen. → Kaufkraft in Verträgen kann konstant gehalten und Umverteilungseffekte vermieden werden
- Bsp.: Lohnindexierung, Zinsindexierung, Steuerindexierung, Renten

Kapitel 10: Produktion und Wachstum

Produktivität:

- Menge der pro Arbeitsstunde hergestellten Waren und Dienstleistungen
- Abhängig von der Art und Menge der Produktionsfaktoren, die einem Arbeitnehmer zur Verfügung stehen, unteilbar in:
  o Realkapital
    ▪ Bestand an ,für die Produktion von Waren und Dienstleistungen, produzierten Produktionsmitteln
    ▪ Sachinvestitionen, z.B. Maschinen, Fahrzeuge, Gebäude
  o Humankapital
    ▪ Durch Ausbildung und Berufserfahrung entstandenes Wissen und Fähigkeiten
    ▪ Erhöht die Produktionsmöglichkeiten einer Volkswirtschaft
  o Natürliche Ressourcen
    ▪ Ressourcen, die in der Natur vorhanden sind (Land, Flüsse, Bodenschätze)
    ▪ Unterscheidbar in regenerierbare Ressourcen (Wälder) und nichtregenerierbare Ressourcen (Erdöl)
    ▪ Wichtig, aber nicht notwendig!
    ▪ Neue Technologien → Ressourcen können im Produktionsprozess verwendet werden (z.B. Bauxit)
    ▪ Bestand an natürlichen Ressourcen ist nicht konstant!

- **Steigende Preise** ermöglichen die wirtschaftliche Nutzung neuer Ressourcen und neue Verwendungen (Kunststoffe)
- **Fallende Preise** sind ein Signal dafür, dass Ressourcen nicht knapper werden
  - o Technologisches Wissen
    - Wissen der Gesellschaft um die besten Wege zur Herstellung von Waren und Dienstleistungen
    - „Verständnis der Gesellschaft, wie die Welt funktioniert."

Lebensstandard:

- Reales BIP pro Kopf der Bevölkerung
- Wird durch Produktivität bestimmt
- Unterschiede im Lebensstandard erklären sich durch unterschiedliche Produktivitäten
- Relativ geringe Wachstumsraten haben langfristig Auswirkungen auf den Lebensstandard
  - o Wachstumsrate des Pro-Kopf-BIP von 2% führt zu einer Verdopplung des Lebensstandards in ca. 36 Jahren
  - o Wachstumsrate von 3% verdreifacht den Lebensstandard in ca. 36 Jahren

Staatliche Förderung der Produktivität und des Wirtschaftswachstums:

- Förderung von Ersparnisbildung und Investitionen
- Förderung von Investitionen aus dem Ausland
- Förderung von Bildung und Ausbildung (Real- und Opportunitätskosten, pos. Externalitäten)
- Schaffung sicherer Eigentumsrechte und politischer Stabilität
- Förderung von Freihandel
- Förderung von Forschung und Entwicklung

Sparen und Investieren:

- Durch vermehrte Spar- und Investitionstätigkeit kann die Produktivität in der Zukunft gesteigert werden.
- Wird heute mehr gespart, werden mehr Kapitalgüter hergestellt.
- Der zukünftige Kapitalstock wächst und kann zur Produktion einer größeren Menge von Waren und Dienstleistungen genutzt werden.

Der Catch-up-Effekt:

- Steigt der Kapitalbestand, sinkt der Output, der mit einer zusätzlichen Einheit Kapital produziert wird (abnehmender Grenzbetrag des Kapitals)
- Niedriger Kapitalbestand pro Arbeitskraft und hohe Produktivität zusätzlich investierten Kapitals → Unterschiedliche Wachstumsraten bei gleichen Investitionsquoten
- Förderung von Investitionen aus dem Ausland:
  - o **Ausländische Direktinvestition:** neue Produktionsstätten oder Beteiligung und Übernahme inländischer durch ausländische Unternehmen
  - o **Ausländische Portfolioinvestition:** Investition in Wertpapiere (Aktien, Anleihen)

Kapitel 11: Die natürliche Arbeitslosenquote

Erwerbspersonen = Erwerbstätige (Beschäftigte) und Erwerbslose (Arbeitslose)

Arbeitslosenquote = 100 * (Zahl der Arbeitslosen / Zahl der Erwerbstätigen)

Problem: Unterscheidung zwischen Arbeitslosen und nicht-erwerbstätigen Personen

- Unterschätzung von Arbeitslosigkeit („verdeckte Arbeitslosigkeit")
    o „Stille Reserven": Personen, die zwar arbeiten möchten, aber nicht arbeitslos gemeldet sind
    o Teilnehmer an ABM-Maßnahmen (seit 01.04.2012 keine Förderung mehr)
    o Kurzarbeiter
    o Unfreiwillige Teilzeitarbeiter
- Überschätzung des Problems
    o Personen, die arbeitslos gemeldet sind, aber nicht arbeiten wollen
    o Schwarzarbeit

Langzeitsarbeitslosigkeit: Arbeitslosigkeit über ein Jahr

Kurzzeitarbeitslosigkeit: Arbeitslosigkeit unter einem Jahr (die meisten gelangen schnell wieder in Beschäftigung)

Struktur der Arbeitslosigkeit, unterteilt in...

- Natürliche Arbeitslosigkeit (oder strukturelle Arbeitslosigkeit, Sockelarbeitslosigkeit)
    o Langfristiges Problem (wird langfristig nicht abgebaut)
    o In der Wirtschaft normalerweise vorhanden
    o *Vollbeschäftigung* Arbeitslosenquote entspricht der natürlichen Arbeitslosenquote (nicht, dass die Arbeitslosenquote Null beträgt!)
- Zyklische Arbeitslosigkeit
    o Kurzfristiges Problem
    o Kurzfristige (zyklische) Schwankungen der Arbeitslosigkeit um die natürliche Rate
    o Ursache: kurzfristige Bewegungen des Wirtschaftszyklus
- Beide empirisch schwer trennbar!

Kurzfristiges und langfristiges Phänomen von Arbeitslosigkeit

Langfristig bspw.: Strukturwandel (Substitution Arbeit durch Kapital) ; Technischer Fortschritt

Kurzfristig bspw.: Saisoneinfluss (schlechtes Wetter) ; Konkurrenzkampf

Ursachen von Arbeitslosigkeit:

- Mindestlöhne und Sozialversicherungen
    o Liegen die Nettolöhne nahe bei den Sozialversicherungsleistungen → Wenig Anreiz für Arbeitslose eine Beschäftigung aufzunehmen

- o Sozialversicherungsleistungen: gleicher Effekte wie Mindestlöhne, wenn das Lohnabstandsgebot nicht eingehalten wird
- o Mindestlöhne, Gewerkschaften und Sozialversicherungen sind Ursachen der (langfristigen) strukturellen Arbeitslosigkeit
- Gewerkschaften
- Effizienzlöhne
  - o Löhne, die über den Gleichgewichtslöhnen liegen
  - o Gründe warum Unternehmen Effizienzlöhne zahlen:
    - ▪ Die Motivation und Produktivität der Arbeitnehmer steigen
    - ▪ Weniger kostspielige Arbeitsplatzwechsel
    - ▪ Bewerbungen von qualifizierten Kandidaten
    - ▪ Daraus resultierend steigt die Qualität der Arbeitnehmer
  - o Theorie der Effizienzlöhne basiert auf asymmetrischen Informationen, d.h. ein Wirtschaftssubjekt hat mehr/andere Informationen als ein anderes (hier: Arbeitnehmer – Arbeitgeber)
  - o Da eine lückenlose Überwachung des Arbeitnehmers nicht möglich ist, kann er selber in gewissem Umfang entscheiden, wie viel er arbeitet/ wie stark er sich einsetzt
- Sucharbeitslosigkeit
  - o Es ist effizient, dass Arbeitnehmer einen Arbeitsplatz entsprechend ihrer Fähigkeiten und Neigungen suchen. Dies braucht Zeit und daraus resultiert Sucharbeitslosigkeit.
  - o Veränderung der Nachfrage nach Arbeit (in Industrien und Regionen) führt zu Sucharbeitslosigkeit
  - o Sucharbeitslosigkeit und damit ein gewisses Maß an Arbeitslosigkeit ist unvermeidlich
  - o Rolle des Staates:
    - ▪ Verbesserung der Arbeitsvermittlung
    - ▪ Verbesserung der Ausbildung (Qualifikation nimmt Einfluss auf die Dauer der Suche nach einer passenden Stelle)
    - ▪ Arbeitslosenversicherung:
      - • Erhöht die Sucharbeitslosigkeit (verringert die Intensität der Suche)
      - • Verbessert die Voraussetzungen dafür, dass jeder den am besten für ihn geeigneten Arbeitsplatz findet

Kapitel 12: Das monetäre System

Geld als Tauschmittel:

- Idealbild:
  - o Volkswirtschaft ohne Transaktionskosten (Transport-, Lagerhaltungs-, Markteintritts- und Informationskosten)
  - o Volkswirtschaft ohne Unsicherheit (unvollständige Informationen → nicht alle Preise, Gütermengen die zu bestimmten Preisen getauscht werden, Zeitpunkte und Orte zu denen Transaktionen abgewickelt werden, sind bekannt)

- o Wirtschaftssubjekte verfügen über vollständige Informationen und Sicherheit → Alle Entscheidungen für gegenwärtige und zukünftige Transaktionen werden zu einem Zeitpunkt ein für alle Mal getroffen. → keine Transaktionskosten
  - → Kein Grund Geld zu halten
- Je höher Unsicherheit und Transaktionskosten, desto weniger Transaktionen lohnen sich → Nicht realisierbare Transaktionen und Nutzeneinbußen
- In einer arbeitsteiligen VW ist das Handelsvolumen hoch
- Die Verwendung von Geld verringert die Unsicherheit, senkt die Transaktionskosten
- Tauschfähigkeit ist nicht bei allen Gütern gleich, sondern von Gut zu Gut unterschiedlich
- Tauschfähigkeit ist umso größer…
  - o Je regelmäßiger dieses Gut am Markt gehandelt wird
  - o Je größer die Zahl der Anbieter und Nachfrager ist
  - o Je größer das Transaktionsvolumen dieses Gutes ist
  - o Je mehr dieses Gut auf Grund seiner physischen Eigenschaften (Haltbarkeit, Teilbarkeit, Standardisierung) geeignet ist
  - → Gut wird immer weniger wegen seiner stofflichen Eigenschaften nachgefragt
  - → Geldwirtschaft (Geld: Güter, die auf Grund ihrer hohen Tauschfähigkeit im Wertevorrat aufgenommen werden)
- Beispiel: Schuldscheine
  - o Übertragbarkeit von Schuldscheinen: eingeschränkt, nicht generell akzeptiert
  - → Bilden sich Spezialisten heraus, die die Bonität des Schuldners prüfen (Bank: Gläubiger / Schuldner)
  - → Schuldschein vom Spezialisten = Banknote
  - o Warengeld → Bank → 1) Quittung = Banknote oder 2) Gutschrift in den Büchern der Bank = Giralgeld oder Sichteinlagen
  - o Es wird nicht alles Warengeld auf einmal abgefordert

Definition von Geld: Wirtschaftliches Gut, das gewisse Bedürfnisse befriedigt und dabei 3 Funktionen erfüllt:

- Tauschmittel (als universelles Zahlungsmittel akzeptiert)
- Recheneinheit (Messen und Vergleichen ökonomischer Werte → Wertmaßstab)
- Wertaufbewahrungsmittel (Verlagerung der Kaufkraft von der Gegenwart in die Zukunft)

Unterscheidung von Geld:

- Warengeld: Gut, das neben der Funktion als Tauschmittel noch andere Verwendungen hat. Der Wert des Geldes ist gleich dem intrinsischen Wert der Ware (bspw. Gold, Silber, Zigaretten).
- Warengestütztes Gut: Kein intrinsischer Wert. Sein Wert wird durch das Umtauschversprechen in andere wertvolle Güter garantiert (bspw. Muscheln).
- Befehlsgeld oder Fiatgeld: ungedecktes Papiergeld, dessen Wert und Rolle als Tauschmittel sich gänzlich von seinem Status als gesetzliches Zahlungsmittel herleitet.
- Bargeld: Banknoten und Münzen im Umlauf. Bankeinlagen mit hoher Liquidität.

Liquidität:

- Ist die Leichtigkeit, mit der ein Aktivum in ein Tauschmittel umgewandelt werden kann. Bspw. Sparkonto – Anleihe – Immobilie
- Weiter gefasste Geldmengenabgrenzungen:
  o Perfekte Zahlungsmittel (Güter höchster Liquidität)
  o Quasigeld (Aktiva, die nicht unmittelbar zu Zahlungszwecken eingesetzt werden können, aber kurzfristig verfügbar/ liquidierbar und somit hochliquide sind

Das Europäische System der Zentralbanken:

- Ziele:
  o Vorrangiges Ziel: Sicherung der Preisniveaustabilität (Inflationsrate unter, aber nahe 2 Prozent)
  o Unterstützung der allgemeinen Wirtschaftspolitik der EU, soweit das mit dem Ziel der Preisniveaustabilität vereinbar ist
  o Ziele der EU sind ein hohes Bildungsniveau und ein beständiges, nichtinflationäres Wachstum
- Aufgaben:
  o Festlegung und Durchführung der Geldpolitik
  o Durchführen von Devisengeschäften
  o Haltung und Verwaltung der Währungsreserven (nicht die Festlegung des Wechselkurses)
  o Fördern des reibungslose Funktionieren der Zahlungssysteme
  o Weitere Aufgaben…
- Struktur:
  o EZB-Rat:
    ▪ Oberstes Beschlussorgan der EZB
    ▪ Umfasst die 6 Mitglieder des Direktoriums sowie die Präsidenten der nationalen Zentralbanken der 17 Mitgliedstaaten des Euroraums
    ▪ Aufgaben:
      • Erlassen der Leitlinien und Beschlüsse, die zur Erfüllung der dem Eurosystem übertragenen Aufgaben notwendig ist
      • Festlegung der Geldpolitik (geldpolitische Ziele, Leitzinssätze, Bereitstellen von Zentralbankgeld und Formulierung von Leitlinien zur Umsetzung der Beschlüsse)

  o Direktorium:
    ▪ Präsidenten, Vizepräsidenten sowie vier weitere Mitglieder (vom Europäischen Rat mit qualifizierter Mehrheit ausgewählt und ernannt)
    ▪ Aufgaben:
      • Vorbereitung der Sitzungen des EZB-Rats
      • Durchführung der Geldpolitik
      • Führung der laufenden Geschäfte des EZB
  o Erweiterter Rat:

- Präsidenten, Vizepräsidenten der EZB sowie die Präsidenten der nationalen Zentralbanken der 17 Länder des Euro-Währungsgebiets und der 10 Länder, die den Euro noch nicht eingeführt haben
- Aufgaben:
  - „Übergangsgremium": Aufgaben, mit denen ursprünglich das Europäische Währungsinstitut betraut war und in der dritten Stufe der Wirtschafts- und Währungsunion von der EZB weiterzuführen sind
  - o Politische Unabhängigkeit: Geldpolitik ohne politische Weisungen selbstständig durchführen → Kann sich weigern die Haushaltsdefizite der Regierungen zu finanzieren
- Geldpolitik:
  - o Zentralbank kann Zentralbankgeld schaffen
  - o Zentralbankgeld: Gesamter Bestand umlaufender Banknoten + Sichtguthaben der Geschäftsbanken bei der Zentralbank (Geldbasis)
  - o Zentralbank steuert die Geldmenge
- Geldpolitische Instrumente:
  - o Offenmarktpolitik/ Offenmarktgeschäfte: EZB bietet den Geschäftsbanken den Kauf oder Verkauf von festverzinslichen Wertpapieren an:
    - Wertpapierpensionsgeschäfte: Pensionsgeber verkauft, mit gleichzeitiger Vereinbarung des Rückkaufs zu einem späteren Termin, Wertpapier an den Pensionsnehmer, dafür erhält er Zentralbankgeld. Befristete Bereitstellung bzw. befristeter Entzug von Zentralbankgeld
    - Outright-Geschäfte: Definitive Käufe und Verkäufe von Wertpapieren durch die Zentralbank gegen Zentralbankgeld
    - Geschäftsbank verkauft Wertpapiere und erhält Zentralbankgeld, Zentralbank kauft die Wertpapiere. → Geldmenge steigt, expansive Geldpolitik
    - Geschäftsbank kauft Wertpapiere, Zentralbank verkauft die Wertpapiere. → Geldmenge sinkt, restriktive Geldpolitik
  - o Änderung der Zinssätze der ständigen Fazilitäten (Spitzenrefinanzierungsfazilität, Einlagefazilität)
  - o Mindestreservepolitik:
    - Geschäftsbanken sind verpflichtet, eine bestimmte Mindestreserve bei der Zentralbank zu halten. Höhe der zu haltenden Mindestreserve ergibt sich aus dem Mindestreservesatzes auf (kurzfristige) Kundeneinlagen der Banken → Im Bankensystem besteht stets Bedarf an Zentralbankgeld.

(Aktive) Geldschöpfung der Geschäftsbanken:

- Banken können die Höhe der Bankeinlagen und damit die Geldmenge beeinflussen.
- Sie können Geld schaffen.
- Endet, wenn das anfänglich eingezahlte Bargeld vollständig in Bargeld und Mindestreserve eingebunden ist
- Wird durch den Bedarf der Geschäftsbanken an Zentralbankgeld begrenzt.

- Geschäftsbanken können nur Giralgeld/ Buchgeld schaffen.

Kapitel 13 : Das Preisniveau: Geldangebot und –nachfrage

Geldangebot: Geldmenge wird von der EZB gesteuert

Geldnachfrage:

- Abhängig von Transaktionen (Zahlungen), die die WS tätigen wollen
- Höhe der Zahlungen hängen vom Preisniveau ab
- Steigt das Preisniveau, steigt die Geldnachfrage

Preisniveau:

- Inflation: Preissteigerung von Gütern und Dienstleistungen, Geldentwertung
- Steigt das Preisniveau, fällt der Wert des Geldes
- Langfristig wird das Preisniveau durch Geldangebot und –nachfrage bestimmt

Inflation:

- Nominelle Variablen werden in Geld gemessen
- Reale Variablen werden in physischen Einheiten gemessen
- Steigen die Preise aller Güter und die Löhne gleichmäßig, bleibt die Kaufkraft der Nominaleinkommen gleich (kein Problem)
- Kosten der Inflation:
  - o „Schuhsohlen"-Kosten (shoeleather costs)
    - Annahme: WS haben die Wahl zwischen Haltung von Bargeld (Kassenhaltung) oder einer Anlage
    - Anlage wird verzinst
    - Bargeld wird für Transaktionen benötigt und verliert seine Kaufkraft bei Inflation
    - Je höher die Inflation, desto höher der Anreiz die Kassenhaltung zu verringern. WS wandeln öfter Anlagen in Bargeld um → Kosten
    - Schuhsohlen-Kosten sind Ressourcen, die verschwendet werden, wenn die WS auf Grund der Inflation ihre Kassenhaltung verringern
  - o Speisekarten-Kosten (menu costs)
    - Kosten der Preisänderungen der Unternehmen in Folge von Inflation
  - o Variabilität der Preise und Fehlallokationen
    - Hohe Inflation → hohe Variabilität der relativen Preise
    - Verzerrte relative Preise → suboptimale Konsumentenentscheidungen, keine effiziente Allokation der Ressourcen
  - o Inflationsbedingte Steuerverzerrungen
    - Steuerbelastung von Ersparnissen steigt → Sparanreize sinken
  - o Anpassungskosten
    - Inflation und hohe Variabilität der Preise → Vergleich von Preisen erschwert → Kalkulation von Kosten und Erträgen erschwert
  - o Willkürliche Vermögensumverteilung

- Umverteilung, wenn sich Löhne und Zinsen nicht zeitnah anpassen

Kapitel 14: Kurzfristige wirtschaftliche Schwankungen

Kurzfristige wirtschaftliche Schwankungen:

- Boom: Phase der Hochkonjunktur. Auf Grund starker Nachfrage sind die Kapazitäten der VW voll ausgelastet. Vollbeschäftigung. Löhne, Güterpreise und Zinsen steigen. Die Produktion steigt so lange, bis eine Überhitzung des Marktes eintritt (hohe Zinsen → Kreditnachfrage und Sachinvestitionen sinken)
- Rezession: Das BIP stagniert oder schrumpft in zwei aufeinander folgenden Quartalen im Vergleich zu den Vorjahresquartalen (Realeinkommen, Kreditnachfrag und Sachinvestitionen sinken, Arbeitslosigkeit steigt).
- Depression: Sehr ausgeprägte Rezession, erheblicher Rückgang des BIP
- Wirtschaftliche Schwankungen sind unregelmäßig und nicht prognostizierbar.
- Ökonomische Variablen schwanken gemeinsam: BIP, Konsumausgaben, Investitionsausgaben, Produktion, Beschäftigung, Preise, Zinsen.

Gesamtwirtschaftliche/ Aggregierte Angebotskurve (AS-Kurve):

- Von den Unternehmen angebotene Gütermengen und Dienstleistungen in Abhängigkeit vom Preisniveau

Gesamtwirtschaftliche/ Aggregierte Nachfragekurve (AD-Kurve):

- Von den Haushalten und Unternehmen nachgefragte Gütermengen und Dienstleistungen in Abhängigkeit vom Preisniveau
- Ursachen der negativen Steigung (Preisniveau sinkt):
  o Pigou-Vermögenseffekt
    - Der reale Wert der nominalen Vermögenswerte (Bargeld, Einlagen, Anleihen) steigt
    - Konsumenten (fühlen sich) wohlhabender
    - Aggregierte Nachfrage, Konsum steigt
  o Keynes-Zinssatzeffekt
    - Geldhaltung (für Transaktionen) sinkt, Teil des Bargeldes wird angelegt (Kauf verzinslicher Wertpapiere, verzinsliche Spareinlage), Geldangebot steigt
    - Zinssatz sinkt („Kosten" der Kredite oder Opportunitätskosten der Investitionen
    - Investitionsnachfrage steigt (Konsumnachfrage steigt), gesamtwirtschaftliche Nachfrage steigt
  o Mundell-Fleming-Wechselkurseffekt
    - Zinssatz sinkt, Zinssatz im Inland sinkt relativ zu anderen Währungen
    - Anleger schichten um in höher verzinsliche Anlagen im Ausland
    - Angebot an Euro steigt, Nachfrage nach ausländischer Währung steigt
    - Abwertung des Euro
    - Ausländische Waren und Dienstleistungen werden im Vergleich zu inländischen Waren und Dienstleistungen teurer (in Euro)

- Importe sinken, Exporte steigen, Nettoexporte steigen, die gesamtwirtschaftliche Nachfrage steigt

Das langfristig gesamtwirtschaftliche Angebot:

- Die Produktion von Gütern und Dienstleistungen ist langfristig von den Produktionsfaktoren (Arbeit, Kapital, natürliche Ressourcen und Technologie) abhängig.
- Diese Faktoren werden langfristig nicht vom Preisniveau beeinflusst.
- Unabhängigkeit vom Preisniveau.
- Langfristig aggregierte Angebotskurve (LRAS) verläuft vertikal.
- Die Lage der LRAS ist durch den Vollbeschäftigungsoutput (den potenziellen Output oder das natürliche Produktionsniveau) bestimmt.
- Ursachen für die Verschiebung der LRAS-Kurve:
  o Zahl der Arbeitskräfte steigt
  o Kapitalbestand steigt
  o Bestand natürlicher Ressourcen steigt
  o Verbesserung der Technologie

Das kurzfristig gesamtwirtschaftliche Angebot:

- Abhängigkeit vom Preisniveau
- Steigt das Preisniveau, steigt das aggregierte Angebot.
- Die kurzfristige Angebotskurve (SRAS) hat eine positive Steigung.
- Eine Erhöhung des Preisniveaus führt kurzzeitig zu einem Anstieg des Outputs.
- Kurzfristige (zyklische) Fluktuationen führen zur Abweichung vom langfristigen Trendwachstum vom Vollbeschäftigungsoutput.
- Ändern sich die Preise (inkl. Löhne) gleichmäßig, befinden wir uns auf der *langfristigen Angebotskurve*. Das Preisniveau hat keinen Einfluss auf Output und Beschäftigung.
- Ändern sich die Preise nicht gleichmäßig, befinden wir uns auf der *kurzfristigen Angebotskurve*.
- Ursachen der positiven Steigung der SRAS-Kurve:
  o Starre Lohnsätze (Keynes'sche Theorie)
    - Löhne passen sich an einen Anstieg des Preisniveaus langsamer an, Güterpreise schneller.
    - Die Güterpreise (Outputpreise und Erlöse) steigen, die Löhne (Inputpreise bzw. Kosten) bleiben zunächst konstant.
      → Gewinne der Unternehmen steigen
      → Produktion bzw. Angebot, Beschäftigung in der VW steigen
      → VW entfernt sich von der langfristigen Angebotskurve.
  o Starre Preise (Neukeynesianische Theorie)
    - Güterpreise sind bspw. auf Grund der Speisekartenkosten kurzzeitig konstant. Güterpreise werden im Voraus festgelegt. Dazu werden Preisniveauerwartungen gebildet. Steigt das Preisniveau stärker als erwartet, werden die Preise kurzzeitig nicht angepasst.
    - Unternehmen, bei denen keine Speisekartenkosten anfallen, passen ihre Güterpreise sofort an.

- → Die Güterpreise der Unternehmen mit Speisekartenkosten sinken relativ. Die Nachfrage nach diesen Gütern steigt. Produktion und Beschäftigung in diesen Unternehmen steigen.
  - → Das aggregierte Angebot, Produktion und Beschäftigung steigen.
  - o Wahrnehmungsstörungen (Neuklassische Theorie)
    - ▪ Unternehmen können kurzfristig nicht zwischen einem Anstieg des allgemeinen Preisniveaus und dem Anstieg der relativen Preise unterscheiden.
    - ▪ Steigen die Güterpreise der Unternehmen realisieren sie nicht, dass alle Preise gestiegen sind und gehen davon aus, dass der relative Preis ihres Gutes gestiegen ist. Sie erhöhen Produktion und Beschäftigung.
      - → Das aggregierte Angebot, Produktion und Beschäftigung in der VW steigen.
- Ursachen einer Verschiebung der SRAS-Kurve:
  - o Steigen die Produktionskosten (Inputpreise steigen, bspw. Anstieg des Lohns) und steigen kurzfristig bei jedem Outputniveau die Güterpreise → Linksverschiebung
  - o Erwarten die Unternehmen, dass das allgemeine Preisniveau (inkl. Löhne) steigt, passen sie ihre Güterpreise an. Bei gegebenem Preisniveau sinkt das Güterangebot bzw. bei gegeben Output steigen die Preise →Linksverschiebung
  - o Stehen mehr Produktionsfaktoren (Arbeit, Kapital, natürliche Ressourcen) zur Verfügung wird bei jedem Preisniveau mehr produziert → Rechtsverschiebung (Verschiebung der LRAS)
  - o Bessere Technologie: bei jedem Preisniveau wird mehr produziert → Rechtsverschiebung (Verschiebungen der LRAS)
- Veränderungen des kurzfristigen gesamtwirtschaftlichen Angebots:
  - o Importgüterpreise steigen
  - o Preise von Inputs steigen (bspw. Löhne)
  - o Negativer Angebotsschock verursacht eine *Stagflation*
    - ▪ Rezession bei gleichzeitig steigendem Preisniveau
- Wirtschaftspolitische Maßnahmen dagegen:
  - o Warten bis Preise (inkl. Löhne) sich anpassen
  - o Gesamtwirtschaftliche Nachfrage erhöhen
  - o Wirtschaftspolitik kann nicht gleichzeitig auf steigende Preise und fallende Produktion reagieren!

Veränderungen der gesamtwirtschaftlichen Nachfrage:

- Kurzfristig können Veränderungen der gesamtwirtschaftlichen Nachfrage Wirtschaftszyklen verursachen.
- Langfristig beeinflussen Veränderungen der gesamtwirtschaftlichen Nachfrage nur das Preisniveau, nicht aber Output und Beschäftigung.

Kapitel 15: Stabilisierungspolitik

Aktive Stabilisierungspolitik

- Instrumente:
  - o Geldpolitik:
    - ▪ Änderung der Geldmenge → Änderung des Zinssatzes → Änderung der gesamtwirtschaftlichen Nachfrage → Änderung von Produktion und Beschäftigung
    - ▪ Expansive Geldpolitik, das Geldangebot steigt → der Zinssatz sinkt → Investitionen steigen, die gesamtwirtschaftliche Nachfrage steigt
  - o Fiskalpolitik:
    - ▪ Änderung des Steuersatzes oder der Staatsausgaben → Änderung der gesamtwirtschaftlichen Nachfrage → Änderung von Produktion und Beschäftigung
    - ▪ Expansive Fiskalpolitik:
      - • Steuersenkungen erhöhen die gesamtwirtschaftliche Nachfrage indirekt
      - • Erhöhung der Steuerausgaben erhöht die gesamtwirtschaftliche Nachfrage direkt
    - ▪ Wirkung der Fiskalpolitik wird beeinflusst durch:
      - • Den Multiplikatoreffekt
        - o Staatsausgaben: Jeder ausgegebene Euro erhöht die Nachfrage um mehr als diesen einen Euro
        - o Erhöhung der Staatsausgaben erhöht die aggregierte Nachfrage um mehr als die Änderung der Staatsausgaben
        - o Steuern und Importe verringern den Multiplikatoreffekt
      - • Den Verdrängungseffekt (crowding-out)
        - o Expansive Fiskalpolitik ... → steigendes Einkommen → Anstieg der Geldnachfrage → Zinsen steigen → Investitionen sinken
        - o Steigende Staatsausgaben verdrängen private Investitionen
      - • Je nach Höhe der beiden Effekte kann sich die gesamtwirtschaftliche Nachfrage insgesamt stärker oder geringer als die Änderung der Staatsausgaben ändern!
- Pro:
  - o Die gesamtwirtschaftliche Nachfrage schwankt erratisch („animal spirits"). Sie ist getrieben von Phasen des Optimismus und Pessimismus.
  - o Es dauert lange, bis die Wirtschaft von selbst wieder zur natürlichen Arbeitslosigkeit zurückkehrt.
- Kontra:
  - o Wirkungsverzögerungen und ungenaue Prognosen verursachen die Gefahr einer Destabilisierung

Automatische Stabilisatoren in einer Rezession:

- Steuereinnahmen sinken
- Staatsausgaben (Sozialleistungen) steigen
- Gesamtwirtschaftliche Nachfrage wird bis zu einem bestimmten Grad stabilisiert
- Staatshaushaltdefizit